Moritz Dessauer, Benedictus de Spinoza, Thomas Hobbes

**Spinoza und Hobbes**

Begründung ihrer Staats- und Religionstheorieen durch ihre philosophischen Systeme

Moritz Dessauer, Benedictus de Spinoza, Thomas Hobbes

**Spinoza und Hobbes**
*Begründung ihrer Staats- und Religionstheorieen durch ihre philosophischen Systeme*

ISBN/EAN: 9783743427181

Hergestellt in Europa, USA, Kanada, Australien, Japan

Cover: Foto ©Thomas Meinert / pixelio.de

Weitere Bücher finden Sie auf **www.hansebooks.com**

# SPINOZA UND HOBBES

## Begründung

ihrer Staats- und Religionstheorieen durch ihre philosophischen Systeme.

## Inaugural-Dissertation

zur

Erlangung der philosophischen Doctorwürde

vorgelegt der

Universität Heidelberg

von

**Moritz Dessauer.**

BRESLAU 1868.

Seinen geliebten Eltern

**Gabriel Dessauer**, Rabbiner,

und

**Cäcilie Dessauer**, geb. Donath,

in Liebe und Dankbarkeit

gewidmet

vom Verfasser.

# Einleitung.

Cartesius wird bekanntlich der Vater der neueren Philosophie genannt, weil er zuerst den Grundgedanken ausgesprochen hat, der in der Geschichte der Philosophie einen entscheidenden Wendepunkt bezeichnet. Er stellt nämlich den Grundsatz auf, dass für die wahre Betrachtung der Dinge von vorne herein Nichts gelten darf, als das, was das Denken klar und deutlich begreift. Ehe er also aus dem reinen Denken das System seiner Lehre aufbaut, hält er Nichts für gewiss, als dass der Mensch, der denkt, ein denkendes Wesen ist, mithin als ein Denkendes auch sein muss: cogito ergo sum [a]). Der denkende Geist ist sich seiner Existenz und Realität gewiss; er ist, inwiefern und indem er denkt. Diese unmittelbare Gewissheit des Geistes bildet also, insofern sie das Kriterium aller Erkenntniss ist, das Grundprincip der cartesianischen sowohl, als auch der neueren Philosophie. Denn die Forderung der neueren Philosophie ist: Die Erkenntniss der Dinge frei von aller Voraussetzung rein und allein durch das Denken vollziehen zu lassen. Diese Forderung hat Spinoza schärfer erfasst, als Cartesius, der, obwohl er sich's zur Hauptaufgabe macht, den Dogmatismus aus der Philosophie zu verbannen, ihn doch wiederum hie und da einschleichen lässt. In der Praefatio zum 5. Theil der Ethik sagt Spinoza über ihn: »Profecto mirari satis non possum, quod vir Philoso-

---

[a]) Dass dies nicht der Schluss eines Syllogismus ist, was z. B. Buhle annimmt, haben bereits Erdmann, Feuerbach und Andere dargethan.

phus, qui firmiter statuerat, nihil deducere, nisi ex principiis per se notis et nihil affirmare, nisi quod clare et distincte perciperet et qui toties Scholasticos reprehenderat, quod per occultas qualitates res obscuras voluerint explicare, Hypothesin sumat omni occulta qualitate occultiorem«[a]). Spinoza war darin in der That consequent. Was sich aus seinem Denken ohne Widerspruch ergab, was sein Geist aus zureichenden Gründen mit völliger Evidenz erkannte, das hielt er für wahr, mochte es mit dem Gefühle oder mit den bisherigen Anschauungen im Einklange stehen oder nicht. Descartes findet Gewissheit für sein nutrügliches Denken in dem Gottesbegriffe, »weil Gott doch nicht täuschen könne« (Meditt. III, IV, Princip. I, 29.), Spinoza findet sie in der freien menschlichen Intelligenz selbst; das freie Denken ist ihm das sicherste Kriterium, der widerspruchslose Gedanke bürgt an und für sich für die Wahrheit des Gedachten. La vérité ne saurait nous venir de dehors, elle est en nous. (Hemsterhuis, lettre sur l'homme et ses rapports p. 51.) Doch darf man dies nicht so verstehen, als wäre das Denken das Ursprüngliche, das absolute prius, aus dem Alles abgeleitet werden, und das zu einer letzten Erklärung ausreichen könnte; dies liegt durchaus nicht in der Lehre Spinoza's. »Substantia prior est suis affectionibus«. (Eth. I, Propos. I.) Nun ist das Denken eine Eigenschaft, eine blosse Beschaffenheit der Substanz, ein modus, dessen Dasein in ihr ist und durch sie begriffen wird, »modus in solo Deo et per solum Deum concipi potest«. (Prop. XXIII, Demonstr.) Die Substanz ist aber per se, folglich ist diese durchaus unabhängig, das Denken aber abhängig, weil es seinen Grund in alio hat. Dies ist demnach so zu fassen: Die Substanz ist an und für sich nothwendig, zu ihrer Natur gehört die Existenz; der denkende Geist hingegen ist das Medium, durch welches wir sie begreifen und demonstriren (mentis oculi quibus res videt observatque.) Der Verstand ist nur das Kriterium, wodurch wir zu einer unzweifelhaften Erkenntniss gelangen können. Insofern ist also das sich selbst gewisse Denken für uns Ausgangspunkt, weil

---

[a]) vid. opp. vol. II, 270 ed. Paulus.

wir durch dasselbe das Wesen der Substanz wie der Dinge erfassen und betrachten. Sehen wir nun, wie sich Hobbes zu diesem Principe der neueren Philosophie stellt. Auch er sagt sich los von den metaphysischen Anschauungen des Mittelalters, vom Mysticismus und von der Scholastik, setzt aber an deren Stelle einen geistlosen Empirismus und Materialismus. Während der Idealist, nachdem er Alles bezweifelt, Alles negirt hatte, doch noch den denkenden Geist unbezweifelt lässt, aus dessen klaren und deutlichen Begriffen ihm eine neugeprüfte Philosophie entsteht, muss consequenter Weise der Materialist auch dieses festen Punktes sich entäussern, kann ihm das Denken nicht unmittelbar gewiss sein, sondern abhängig und vermittelt, von einer äusseren accessorischen Bedingung beschränkt. Es entspringt daher bei Hobbes alles Erkennen aus der sinnlichen Wahrnehmung, und nur durch die gehörige Anordnung der Worte ist die Wahrheit eines Urtheils erkennbar. Denn das Denken ist ihm nichts weiter als ein Folgern und Schliessen, eine äusserliche Operation. Er sagt: »Quidquid concipimus finitum est«. »Conceptus nisi finiti non est.«[a]). Ferner: »Scientia et intellectus in nobis nil aliud sunt, quam suscitatus a rebus externis organa prementibus animi tumultus. (Ibid. p. 118.) Darum musste er naturgemäss von der Philosophie alle metaphysischen Probleme, alles Uebersinnliche, die Lehre von der Natur und den Eigenschaften Gottes ausschliessen »Itaque excludit a se Philosophia Theologiam, doctrinam dico de natura et attributis Dei, aeterni, ingenerabilis, incomprehensibilis, et in quo nulla compositio nulla divisio institui, nulla generatio intelligi potest«. (Computatio sive Logica. P. I, c. I, § 8.) Alle unsere Begriffe können sich daher nur auf das Endliche erstrecken, weil sie vom Endlichen stammen. Denn wie soll das Denken, das nur durch den Druck von sinnlichen Objecten erregt wird, sich auf das Unkörperliche beziehen können? Das Denken ist ein blosses Rechnen. »Per ratiocinationem intelligo computationem« (Ibid. § 2.) Beim Rechnen aber müssen die Momente gegeben sein, und von

---

[a]) De Cive, Religio Cap. XV, § XIV p. 117 ed. Amsterdam 1668.

übersinnlichen Dingen haben wir keine Vorstellung, sie können also nicht Gegenstand des Schliessens und Denkens sein. Spinoza hält dagegen die Erkenntniss, welche aus den Empfindungen, aus der sinnlichen Vorstellung fliesst, für unklar, verworren, inadäquat; das wahre Denken ist ihm das primitive, durch welches ein Ding nicht durch Folgern aus etwas Anderem, sondern durch das Wesen des Dinges selbst mit höchster Gewissheit (summa certitudine) erkannt wird. Er erklärt ausdrücklich (De intellectus emend. tract. pag. 421.), dass die sicherste Erkenntnissart sei, wenn eine Sache bloss durch das Wesen der Sache erkannt wird, wenn ich nämlich daraus, dass ich etwas kenne, weiss, was das heisst, etwas kennen [a]. Damit hängt eng zusammen, dass er die Freiheit des Denkens und Urtheilens, so wie in seiner theoretischen Lehre ohne alle Beschränkung und äusseres Bedingtsein, eben so auch im praktischen Leben gewahrt wissen wollte. Dies ergiebt sich unverkennbar aus seinem ganzen theologischen Traktat und in der Vorrede zu demselben spricht er es deutlich aus: »at quae praejudicia? quae homines ex rationalibus brutos reddunt, utpote quae omnino impediunt, quominus unusquisque libero suo judicio utatur, et verum a falso dignoscat, et quae, veluti ad lumen intellectus penitus extinguendum data opera excogitata videntur«. (Vol. I, pag. 148.)

Die Philosophie des Spinoza und die des Hobbes sind zwar im Ganzen durchaus verschieden von einander, und zwar in dem Maasse, als die von Cartesius und Spinoza ausgegangene Richtung, die eine sich selbst erkennende, denkende Gewissheit annahm und die von Baco, Hobbes und Locke vertretene, welche von einer sinnlich sich darbietenden Gewissheit ausgeht, sich überhaupt von einander unterscheiden. Es ist aber auf diesen Grundunterschied deshalb so viel Gewicht zu legen, weil dieser die Quelle ist, aus welcher die Verschiedenheit ihrer Resultate in der Auffassung von Staat und Religion, — obwohl sie hierin von fast gleichen Principien ausgegangen sind, — entsprang, der Grund, warum der

---

[a] Cf. Eth. II, Prop. 43. Schol: Sicut lux seipsam et tenebras manifestat, sic veritas norma sui et falsi est.

Materialist in der Lösung dieser Probleme bei einem Resultate stehen bleiben muss, das den denkenden Menschen zu einem stumpfen, bewusstlosen Gliede einer ebenso willenlosen Gesellschaft macht und warum dagegen Spinoza weit über jenes Resultat hinausgehen konnte a).

---

a) Wenn Orelli von Spinoza's Rechts- und Staatslehre sagt, diese Theorie sei von Spinoza selbst nicht genug mit der reineren, höheren Ansicht der Ethik in Einklang gesetzt worden (Spinoza's Leben und Lehre. Seite 163), so wird im Verlaufe der Abhandlung sich zeigen, dass ihn auch hier seine festen philosophischen Principien geleitet haben.

# I.
## Staat.

Bevor wir auf die Staatstheorie des Spinoza und Hobbes eingehen, müssen wir vor allen Dingen ihren Ausgangspunkt, wie er bei beiden zwar derselbe, doch nicht demselben Gesichtspunkte entlehnt ist, näher beleuchten. Es ist bekannt, dass Beide den Staat vom Naturrechte und nicht von einer angebornen Staatsidee herleiten. Der Mensch hat nicht von Hause aus die Aufgabe, eine gewisse Staatsidee zu realisiren, wie der Staat seinerseits nicht von vorne herein die sittliche Vervollkommnung des Lebens, mithin das höchste Gut zum Zwecke hat. Im Alterthume ging man wohl von einer solchen Idee aus[a]). Da tritt die politische Aufgabe, in welcher zugleich alle sittlichen und moralischen Tugenden mit inbegriffen sind, wie ein kategorischer Imperativ an den Menschen heran. Die lykurgische und platonische Staatsverfassung verlangt ein völliges Aufgehen des Einzelnen in dem einheitlichen Organismus des Staates. Bei Hobbes und Spinoza dagegen ist der Staat ein Geschöpf des Menschen und wird aus der Menschennatur construirt. Hobbes (De Cive cap. I, § 2.) bekämpft die Ansicht, welche den Menschen zu einem ζῶον πολιτικόν macht und ihm eine gewisse Natur-Anlage zum Staatsleben vindicirt, und auch Spinoza geht von dem Prinzipe aus: »Homines civiles non nascuntur, sed fiunt«. (Tract. polit. V, § 2.) Beide Philosophen leiten den Status civilis vom Status naturalis ab.

---

[a]) Plato bemüht sich, dies an vielen Stellen, namentlich in seiner Republik, nachzuweisen. Aristoteles nennt den Staat κοινωνία ζωῆς τελείας χάριν καὶ αὐτάρκους. (Pol. III, 5, 13.)

Im Naturzustande hat jeder Mensch so viel Recht, als er Macht hat. Er bestimmt selbst, was er zu thun und zu lassen habe, was ihm zuträglich sei oder nicht, welche Mittel und Wege er einzuschlagen habe, um das Gewollte zu erreichen und das, was er für schädlich hält, zu vermeiden. Der Naturzustand kennt keinerlei Pflicht, kein Gesetz, keine geschichtliche oder sittliche Aufgabe, gar kein anderes Gebot als das, was die Natur befiehlt. Darum ist im status naturalis kein Unrecht möglich. Alles, was aus der Natur des Menschen nothwendig erfolgt, ist Recht, und rechtlos nur, was naturwidrig ist. Es kann auch kein Eigenthum geben, weil Jeder auf Alles ein Recht hat und dieses Recht, so weit als seine Macht reicht, geltend machen kann. (Tract. Pol. c. II, § 23; De Cive. c. I, § 10.) Es müsste dann nothwendig, da die Menschen nicht nach Vernunft, sondern nach Begierde und Leidenschaften handeln, ein ewig kriegerischer Zustand, bellum omnium contra omnes, stattfinden. Sigwart (Spinozismus, S. 208) wirft die Frage auf, warum denn, da die Gegensätze in den übrigen Gebieten der Natur in der allgemeinen gesetzmässigen Ordnung ausgeglichen werden, dies nicht auch in der gleichfalls von Gott bestimmten Ordnung des menschlichen Lebens möglich sein sollte? Allein, weder Hobbes noch Spinoza hat diesen Umstand übersehen. Hobbes (Leviath. c. 17 in.) macht dagegen geltend, dass bei den Menschen noch andere Potenzen, wie Ehre und Dignität, Sprache und Vernunft ins Gewicht fallen, die sie von den anderen Naturgeschöpfen unterscheiden, und ähnlich behauptet Spinoza (Tract. pol. I, § 5.), dass nur unter Menschen Verschiedenartigkeit des Urtheils, der Neigungen und Affecte herrscht, die sie von einander trennt und ihre Selbsterhaltung mehr erschwert. Ihr eigener Vortheil also treibt sie naturgemäss, für das suum utile besser zu sorgen und daher mit den Nebenmenschen Frieden zu schliessen zur Herstellung eines bürgerlichen Zustandes[a]), in welchem jedem Einzelnen Schutz und Sicher-

---

[a]) Auf welche Weise der Uebergang vom status naturalis zum status civilis geschieht, ist bei Spinoza nicht klar genug dargethan. Seiner philosophischen Anschauung am angemessensten wäre die Annahme eines

heit unter der Bedingung gewährt wird, dass Jeder sein natürliches Recht, so weit es angeht, auf den Staat überträgt und sich verpflichtet, für die Vortheile, welche er dadurch erlangt, den Gesetzen und Staatseinrichtungen zu gehorchen. Im Staate nun thut und besitzt jeder einzelne Bürger nur das mit Recht, was er nach dem gemeinsamen Staatsbeschlusse verantworten kann. (Tract. pol. c. III, § 2.) Er hat nicht zu entscheiden, was billig oder unbillig, fromm oder gottlos sei; was der Staat für gut und gerecht erklärt, muss so angesehen werden, als ob es jeder Einzelne dafür erklärt hätte. Ein Unterthan, wenn er auch die Beschlüsse des Staates für ungerecht hält, ist dennoch sie zu befolgen verpflichtet. (ibid. § 5.)

Ohne nun vorläufig auf die Art der bürgerlichen Verfassung, welcher Spinoza oder Hobbes den Vorzug vor den andern einräumt, Rücksicht zu nehmen, wollen wir zunächst untersuchen, wie das Naturrecht als Prinzip des Staates aus ihren philosophischen Lehren folgte. Bei Hobbes ist die Ableitung des Staates vom natürlichen Rechte mittelst eines freiwilligen Vertrages in seinem materialistischen Systeme begründet. Da dem Materialisten nichts Erkennbares und Erklärbares existirt, als Materie, so ist im Menschen auch nichts Substantielles als der Leib. Im strengen und folgerichtigen Materialismus giebt es keine Seele und keinen Geist. Das Denken, Fühlen, Wollen ist auch nichts Anderes, als Affection des Körpers. Und wenn auch der Materialismus bei Hobbes nicht in seiner ganzen, schrecklichen Consequenz entwickelt ist, so giebt es doch auch schon auf dieser Stufe kein anderes wahrhaft Substantielles als Materie. So ist auch bei ihm der sinnliche Mensch das Wirkliche, Reale, mithin fasst er selbstverständlich auch den Staat, oder wie er ihn nennt, den künstlichen Menschen (homo artificialis) rein materiell auf. Er ist ihm nichts Ursprüngliches, keine Objectivirung einer

---

nothwendigen, naturgemässen Entwickelungsganges, während er bei Hobbes durch das pactum unionis geschieht. Näher auf diesen Punkt einzugehen, ist hier nicht der Ort, s. hierüber die gründliche Auseinandersetzung Sigwarts: Vergleichung der Rechts- und Staatstheorien Spinoza's und Hobbes S. 118.

dem Menschen von Hause aus anhaftenden Idee, sondern bloss ein gemachtes Kunstwerk (opificium artis). Dieser künstliche Mensch gewährt dem natürlichen, den er an Kraft und Umfang weit überragt, Schutz und Heil. Homo artificialis quanquam homine naturali (propter cujus protectionem et salutem excogitatus est) et mole et robore multo major. (Leviath. Pars prima, de homine p. 1) a). Bei solchen materialistischen Voraussetzungen wird es also nicht befremden, dass er in der Erklärung des Staates zu solchen Resultaten gelangt b).

Weniger klar ist der Zusammenhang der Spinozischen Staats-Theorie mit seinem philosophischen Systeme, und Viele behaupten geradezu, dass jene durchaus nicht zu vereinbaren wäre mit seinen ethischen und metaphysischen Principien. Doch dürfte eine solche Ansicht, die in Spinoza's Werke einen doppelten Geist hineinlegt und die Einheit seines Denkens aufhebt, nicht recht annehmbar sein. Es soll also diese Einheit, die in den Werken jenes »hellen Kopfes« nothwendig herrschen muss, nachgewiesen werden.

Spinoza läugnet entschieden alle antiken, namentlich von Plato und Aristoteles c) ausgebildeten Zweckbegriffe und Ideale, auf dem Gebiete der Metaphysik sowohl, wie in der Ethik und Aesthetik. Auch Descartes verneint die Zweckursachen; »nulla ratio veri et boni« ist ein häufig bei ihm vorkommender Ausdruck, »nullas rationes circa res naturales, a fine, quem Deus aut natura in iis faciendis sibi proposuit, desumemus« etc. (Princip I, 28.) Doch bekämpft er nicht auch noch, wie Spinoza, den freien Willen Gottes, wodurch ein Kriterium für das Gute und Wahre noch immer für Cartesius besteht: »Non ideo voluit mundum creare in tempore, quia vidit melius sic fore, quam si creasset ab aeterno, nec voluit tres angulos...,

---

a) Characteristisch ist in dieser Beziehung die Stelle in der Einleitung zum Leviathan, wo eine weitschweifige Vergleichung zwischen dem menschlichen Körper und dem Staate angestellt wird.

b) Cf. Leviath. cap. XVII. (De causa, generatione et definitione civitatis).

c) Ἡ φύσις ἐκ τῶν ἐνδεχομένων ποιεῖ τὸ βέλτιστον. (Arist. De part. anim. 4, 10.) Cf. Phys. II, 8. u. a. m.

sed contra, quia voluit mundum creare in tempore, ideo sic melius est, quam etc.« (Resp. sext. § 6). Spinoza's System aber, das auch in Gott Nothwendigkeit setzt, kann die Begriffe des absolut Vollkommenen, Guten und Schönen auch nicht einmal in dieser modificirten Weise beibehalten; eine Platonische ἰδέα τοῦ ἀγαθοῦ ist ihm in Wirklichkeit ein nicht Seiendes, blos der beschränkten menschlichen Anschauung entlehnt. Diese Begriffe stammen sämmtlich aus einer menschlichen Gewohnheit, die Dinge mit einander zu vergleichen. »Solent homines tam rerum naturalium, quam artificialium ideas formare universales, quas rerum veluti exemplaria habent et quas naturam (quam nihil nisi alicuius finis causa agere existimant) intueri credunt, sibique exemplaria proponere. (Eth. Pars IV. Praef. p. 200.) Videmus itaque homines consuevisse, res naturales perfectas aut imperfectas vocare, magis ex praejudicio, quam ex earum vera cognitione. (ibid.) Ferner: Bonum et malum quod attinet, nihil etiam positivum in rebus, in se scilicet consideratis, indicant, nec aliud sunt, praeter cogitandi modos, seu notiones, quas formamus ex eo, quod res ad invicem comparamus.« (ibid. p. 202.)[a]

Die Worte Vollkommen und Unvollkommen, Gut und Böse, Schön und Hässlich können also nur relative Geltung haben, oder wie Spinoza sich ausdrückt, respective gebraucht werden. An und für sich folgt Alles aus der Nothwendigkeit der Natur eines Dinges. So wie es in der Substanz kein von vorne herein bestimmtes Ziel, keine Selbstbestimmung, keinen Entschluss giebt (Eth. l, Prop. XXXIII, Schol. 2.), nach welchen sie so und nicht anders handelt und wirkt, — was nach Spinoza's Ansicht gerade eine Beschränkung derselben wäre, da die Freiheit der Substanz eben darin besteht, dass sie durch nichts Aeusseres bedingt wird, sondern Alles aus einer innern Nothwendigkeit erfolgt[b] — ebenso geschieht

---

[a] Vgl. auch Tract. Theol. Pol. c. XVI. p. 361: Quicquid ergo nobis in natura ridiculum, absurdum, aut malum videtur, id inde venit, quod res tantum ex parte novimus, totiusque naturae ordinem et cohaerentiam maxima ex parte ignoramus.

[b] Vgl. Epist. XLIX. pag. 630.

auch Alles in der Natur nach einem unabänderlichen Causalnexus und nicht nach einem teleologischen Principe. (Eth. I, Prop. 36. appendix.) Nicht minder also sind die Handlungen des Menschen determinirt, d. h. sie sind nothwendige Wirkungen der in der menschlichen Natur liegenden Motive. Dieser Punkt ist in Spinoza's Schriften so häufig und so klar dargelegt, dass es unnütz wäre, hierfür Belegstellen anzuführen. Nach dieser Voraussetzung war es consequent, dass er, wie er dies (Tract. Pol. in. und Eth. III, Praef.) ausdrücklich sagt, die menschlichen Leidenschaften, wie Liebe, Hass, Zorn, Neid, Ehrgeiz, Mitleid nicht als Fehler der menschlichen Natur, sondern als Eigenschaften auffasste, die ihr ebenso angehören, wie Hitze, Kälte, Donner, Sturm zur Natur der Luft, welche, wenn auch unangenehm, doch nothwendig sind und aus bestimmten Ursachen erfolgen. Darum nun, weil er die Leidenschaften nicht als verabscheuungswürdige Schwächen der menschlichen Natur betrachtete, sondern, als ob es sich um Linien, Flächen und Körper handelte, nahm er sie zur Berechnung und Bestimmung der Menschennatur auf.

Es ist hiernach klar, dass Spinoza eine angeborene Staatsidee ohne Inconsequenz nicht aufnehmen konnte. So wie er in seiner Philosophie Alles nach ewigen Gesetzen, nach inneren Gründen und nicht nach äusseren Voraussetzungen beurtheilte, so konnte auch ein Grund für das Staatsleben nicht von Aussen her geholt werden. Da aber der Staat aus Individuen besteht, musste der Ursprung und der Begriff desselben nur innerhalb der Menschennatur gesucht werden. Analysirt er nun den Menschen, wie er ihn in der Ethik (Pars III und IV) auffasst, so findet er in ihm durchaus keine natürliche Anlage zum socialen Leben; ein Sichwissen im Staate ist seiner individuellen Natur ganz fremd. Spinoza verwirft gleich Hobbes die antike Ansicht, nach welcher der Staat φύσει früher wäre als der Einzelne und lässt nur solche Ursachen, die in der Natur des Menschen begründet sind, für die Erklärung des Staates gelten. Lässt man aber, nach Spinoza, alle ausserhalb der Menschennatur liegenden Erklärungen unberücksichtigt und betrachtet diese Natur allein, so findet man in ihr nichts weiter, als Leidenschaften und die Vernunft, die jene zu zügeln bestimmt ist. Dies sind die Factoren, mit welchen gerechnet werden muss. »Wäre nun die menschliche Natur so beschaffen«, sagt er, (Tract. Pol. cap. II, § 5.), dass die Menschen nach Vorschrift der Vernunft allein lebten und nichts Anderes versuchten, dann wäre das Naturrecht, insofern es als Eigenthum des menschlichen Geschlechts angesehen wird, blos durch die Macht der Vernunft zu bestimmen; sie werden aber mehr von blinder Begierde, als von Vernunft geleitet (magis caeca cupiditate quam ratione ducuntur); deshalb muss die natürliche Macht der Menschen oder ihr Recht nicht nach der Vernunft, sondern nach jeder Begierde, durch welche sie zum Handeln getrieben werden und sich zu erhalten streben, bestimmt werden.« Denn die unvernünftigen Handlungen wie die vernünftigen folgen aus gleicher Naturnothwendigkeit. Jeder sucht auf seine Weise sein Selbst zu erhalten. Hierin ist kein Naturwesen beschränkt, und es findet daher in dieser Beziehung kein Unterschied statt, »zwischen Klugen und Thoren oder Vernünftigen und Wahnsinnigen«.[a]) Sigwart (Vergleichung der Rechts- und Staatstheorieen des B. Spinoza und Th. Hobbes, S. 105) macht die Bemerkung: »Der Ausgangspunkt ist, wie es scheint, in beiden Theorien ganz derselbe, nämlich das natürliche Recht, und zwar in dem bestimmten Begriffe, als natürliches Selbsterhaltungsrecht. Allein, ein bedeutender Unterschied stellt sich sogleich heraus, wenn wir näher untersuchen, wie in jeder der zwei Theorieen dieses natürliche Recht der Selbsterhaltung begründet und deducirt wird. Nach der Spinozischen Theorie liegt der Grund darin, weil jeder Mensch ein durch Gott in die Wirklichkeit gesetztes Wesen ist; nach der Hobbesischen liegt der Grund in natürlichen Neigungen des Menschen; d. h. dort ist die Be-

---

a) Spinoza leitet die Macht der Naturwesen, zu existiren, unmittelbar von der Macht Gottes her, dessen unbeschränktes Recht eben in seiner unbeschränkten Macht besteht: Quoniam Deus jus ad omnia habet et jus Dei nihil aliud est, quam ipsa Dei potentia, quatenus haec absolute libera consideratur, hinc sequitur, unamquamque rem naturalem tantum juris ex natura habere, quantum potentiae habet ad existendum et operandum. (Tract. Pol. c. II, § 3.)

gründung eine speculative oder metaphysische, hier eine empirisch-anthropologische.« Nach dem bisher von uns Dargelegten, dass der Grundunterschied der beiden Theorieen in ihren ganz verschiedenen philosophischen Systemen zu suchen ist, ist auch jene Verschiedenheit, auf welche Sigwart aufmerksam macht, darauf zurückzuführen. Für Hobbes musste consequenter Weise eine empirische Begründung annehmbarer als eine speculative sein, weil letztere ausserhalb der Sphäre seines Ideenganges liegt. Spinoza führt nun diese Begründung so aus: Die Menschen haben tantum juris quantum potentiae; sie besitzen aber nur eine bestimmte und beschränkte Macht (potentia determinata); sie sind von anderen Wesen abhängig und hindern sich gegenseitig in ihren Bestrebungen. Also ist bei ihnen von einer absoluten Macht keine Rede, und Keiner könnte in Wirklichkeit sui juris sich behaupten, wenn sie nicht einen gesellschaftlichen Zustand schaffen würden. Spinoza bekämpft daher auch gleich Hobbes die Auffassung des Menschen als animal sociale (ζῶον πολιτικόν) und lässt nur diese Bezeichnung gelten, wenn man damit eben nichts Anderes ausdrücken will, als dass der Mensch im Naturzustande sein Recht nicht zu behaupten vermag. (Tract. Pol. II, § 15).

Obwohl aber Beide, Hobbes und Spinoza, den status civilis vom status naturalis ableiten, so mussten sie doch, weil sie ihrem verschiedenen Systeme zufolge den Ausgangspunkt nicht in gleicher Weise verfolgen, im Grossen und Ganzen zu verschiedenen Resultaten gelangen. Hat einmal der Mensch, nach Hobbes, seine natürlichen Rechte auf den Machthaber übertragen, so hat er sich auch derselben von nun an völlig entäussert und sich ganz in dessen Gewalt begeben. Die ganze Person des Menschen, sein Wollen, sein Handeln, seine Worte, ja selbst seine Gesinnungen und Gedanken, — wenn bis auf diese menschliche Macht sich erstreckte, — sind in der absoluten Gewalt des Fürsten. »Potestatem in rebus omnibus, tum civilibus, tum ecclesiasticis, quatenus ad actiones et verba attinet, summam habet. Actiones enim et verba tantum cognosci et ab hominibus accusari possunt. Eorum autem, quae accusari ab homine non possunt, judex omnino, praeter Deum, nullus est.« (Leviath. cap. XLII, p. 260). Hobbes musste solchermassen den Staatskörper als eine willen- und leblose Maschine betrachten, wo jede Bewegung von der treibenden Kraft von Aussen abhängt. Es ist aber auch hiermit, da nach ihm der ganze Zweck des Staates blos das gesicherte physische Wohl ist, dieser Zweck, auf den der Körper bedacht war, vollkommen erreicht, und der Machthaber, indem er so handelt, hat das »salus populi suprema lex«, womit bei Hobbes blos das materielle Wohlleben gemeint ist, wohl begriffen und befolgt. Die Menschen haben sich durch die Formel: »Actionum omnium ejus hominis, cui summam tribuimus potestatem, autorem me facio« (Lev. c. XXI. p. 107.) jedes selbstständigen, freien Urtheils für alle Zeiten begeben. Ist der Gedanke nur Affection des Körpers, nicht ein von demselben Unabhängiges, und steht der Körper mit allen seinen Regungen und Bewegungen in einer fremden Macht, so kann natürlich das Urtheil ebenso wenig frei bleiben, als der Körper. Die Regierung denkt und urtheilt fortan für ihre Unterthanen, weil diese einmal durch Uebergabe ihrer leiblichen Person ihr auch nothwendig das Recht hierzu mit übergeben haben. Treffend ist dieser Punkt von Feuerbach charakterisirt: »Der Staat, indem er zum Zwecke das physische Wohlsein der Einzelnen, der dissolutae multitudinis hat, ist nur eine Limitation des Naturzustandes, d. h. er hemmt und beschränkt nur die Individuen, so dass sie ebenso ohne alle geistige und sittliche Bestimmung und Qualität, ebenso ausser einander, nur auf sich selbst und ihr sinnliches Selbst bezogen, ebenso viehisch und brutal bleiben, wie sie es in Statu Naturali waren, nur dass sie jetzt ihre Brutalität nicht mehr in der Form eines den Frieden, die Selbsterhaltung und das angenehme Leben aufhebenden Krieges äussern.« (Gesch. der neueren Philos. von Bacon von Verulam bis B. Spinoza 1833. S. 119.) Die natürlichen Freiheiten, welche Hobbes dem Einzelnen im status civilis noch lässt (Lev. cap. XXI. De libertate civium), sind allesammt sinnlicher und schlechterdings unantastbarer Natur. Sie können alle darauf zurückgeführt werden, dass Keiner durch diesen Vertrag verpflichtet sei, sich selbst anzuklagen oder zu tödten. Das ganze Band zwischen der Menge und dem Regenten ist die Furcht (ibid. c. XX. in.);

hebt jedoch die grössere Furcht die kleinere auf, so ist es nach dem Grundsatze: »Bonorum primum est sua cuique conservatio; contra vero malorum omnium primum mors« (De Homine cap. XI. § 6.) leicht erklärlich, dass hierbei ein Regentenbefehl erfolglos bliebe. Um nun auf Spinoza überzugehen und zu zeigen, wie er zu einem ganz verschiedenen Resultate gelangt, wollen wir noch einen Satz des Hobbes anführen, der den Ansichten Spinoza's gerade zuwiderläuft und uns den Gegensatz auf's Klarste anschaulich macht: »Sciendum autem est, vitae praesentis felicitatem non consistere in tranquillitate sive requie animi.« (Lev. cap. XI. in.) Hingegen bringt Spinoza zu wiederholten Malen, namentlich im V. Theile der Ethik, die Gegenansicht mit allem Nachdruck zur Geltung und findet gerade in der Seelenruhe, in der Erkenntniss des Geistes das höchste Erdenglück. Diese Spinozische Beatitudo ist zwar nicht durch den Staat zu erstreben, muss aber doch innerhalb desselben erreichbar sein. Doch darauf werden wir noch im Laufe dieser Abhandlung zurückkommen; zunächst müssen wir untersuchen, wie weit nach Spinoza die Gewalt des Staates über den Einzelnen sich erstrecken kann.

Nach dem im Tract. Pol. (c. I, § 7.) ausdrücklich hervorgehobenen Satze: »Imperii causae et fundamenta naturalia non ex rationis documentis petenda, sed ex hominum communi natura, seu conditione deducenda sunt« könnte man geneigt sein, zu glauben, dass Spinoza nicht die ratio zum Principe des Staates macht. Allein wenn wir wiederum bei ihm Sätze finden, wie: »Civitas peccat, quando ea agit, vel fieri patitur, quae causa esse possunt ipsius ruinae; civitas peccat, quando contra rationis dictamen aliquid agit.« (ibid. c. IV. § 4; cf. »Illa civitas maxime erit potens, quae ratione fundatur et dirigitur« c. III. § 7.), so möchte man in Folge dieses Widerspruches in der That glauben, dass er sich von der Theorie des Hobbes, dessen Werke er gelesen hat (vid. Epist. L.), in der Begründung der physischen Macht so weit führen liess, dass er den Rückweg in sein System schwer finden konnte. Dann würden uns aber viele Stellen, die unverkennbar auf eine vorherrschende sittliche Macht deuten, ganz unerklärlich sein [a]). Man darf indess nicht verkennen, dass Spinoza eine Entwickelung im Staate annimmt. Hobbes hat den Staat in einen geistigen Stillstand versetzt: von der grösseren Geistesknechtschaft der Unterthanen hängt ihm die grössere Gewalt des Machthabers ab. Bei Spinoza ist dies durchaus nicht der Fall. Es wird nun die Frage sein, wenn Spinoza ein physisches und ein geistiges Fundament des Staates erwähnt, wo ist der Uebergang von dem einen in das andere zu finden? Eine Antwort hierauf finden wir in dem Folgenden, was er genau erwogen wissen will: »Non id omne, quod jure fieri dicimus, optime fieri affirmamus: aliud namque est agrum jure colere, aliud agrum optime colere; aliud, inquam est sese jure defendere, conservare, judicium ferre etc., aliud sese optime defendere conservare atque optimum judicium ferre; et consequenter aliud est jure imperare et Reipublicae curam habere, aliud optime imperare et Rempublicam optime gubernare.« (Tract. Pol. c. V. § 1.) In »jure« und »optime« ist der Unterschied und der Zusammenhang der natürlich-rechtlichen und der in der Menschennatur ebenso begründeten, vernünftigen Staatsform angedeutet. So lange die Menschen unter der Herrschaft der Natur leben, sind sie alle gleichberechtigt, lebt auch derjenige, welcher blos von den sinnlichen Begierden und nicht von Vernunft und Tugend geleitet wird, in vollster Berechtigung. Da nun der Staat, so wie er das allgemeine Wohl Aller bezweckt, auch von einem allgemeinen Gesichtspunkte aus betrachtet werden muss, so ist es einleuchtend, dass die natürlichen Grundlagen ursprünglich nicht ex rationis documentis hergenommen werden dürfen. Spinoza bleibt aber nicht dabei stehen, wie Hobbes, der sich mit der Annahme eines blos physischen Staatszweckes begnügt (»jucundissime vivere«, De Cive. c. XIII. § 4); ihm liegt noch ein gewichtiger Factor in der menschlichen Natur. Die Ratio [= Mens in seiner Ethik], die vermöge ihrer Enkenntnissfähigkeit den

---

[a]) Solche wären die beiden zuletzt angeführten, ferner: »Nam pax in animorum unione sive concordia consistit.« (Tract. Pol. c. VI. § 4.) und die häufig vorkommenden Ausdrücke: »Multitudo, quae una veluti mente ducitur.« oder »Ex solo rationis dictamine omnia dirigere.« u. a. m.

Menschen zum höchsten Gute anleiten kann (Eth. V.), darf von einem guten Staate nicht gefesselt werden; der Mensch ist kein servus [a]), sondern ein liber, wenn er integro animo ex solo ductu rationis lebt, und der Staat soll ihn darin nicht hindern. Ein auffallendes Beispiel bieten uns für diese ihre Meinungsverschiedenheit ihre Ansichten über die Verpflichtung, welche uns ein gegebenes Versprechen auferlegt. Hobbes' Ansicht geht dahin, dass ein Versprechen unter jeder Form, ob freiwillig oder erzwungen, gültig sei; es müsste denn etwas schlechthin Unmögliches enthalten. Selbst das gewaltsam erpresste Versprechen verpflichtet ebenso im status naturalis, wie im status civilis, nur dass im letzteren die Obrigkeit von einem solchen entbinden kann. (Lev. c. XIV, p. 70; ibid c. XV, p. 72; ibid. c. XX, p. 99.) Also unsere Verbindlichkeit kann durch keine spätere, bessere Einsicht aufgehoben werden. Anders Spinoza. Ein Versprechen besteht bei ihm nur so lange zu Recht, als der Wille dessen, der es gegeben, sich nicht ändert. Er hat nur Worte hergegeben, damit aber sein späteres Urtheil über die Sache nicht ausgeschlossen; denn errare humanum est, und im Naturzustande ist Jeder sein eigener Richter. Wer also die Macht hat, das Versprechen aufzuheben, der hat sich seines Rechtes darüber noch nicht ganz entäussert. (Tract. Pol. c. II, § 12.) Dies klingt in sittlicher Beziehung sehr hart; doch ist er hierin consequenter als Hobbes. Ganz characteristisch für die Stellung, welche ihre verschiedenen Systeme dem freien Denken und Urtheilen einräumen. Wenn das Denken blos Affection des Leibes ist, dann giebt es kein sicheres Kriterium, welches das spätere Urtheil für richtiger erklären könnte, als das frühere; sind sie ja beide blos natürliche Ergebnisse äusserer Anlässe. Bei Spinoza giebt es aber niedere und höhere Grade des Erkennens, eine oberflächliche und gründliche Einsicht in die Dinge. (Tract. de Intell. Emendat. p. 419, 420; Eth. II, Pr. XL.

---

[a]) Spinoza macht einen Unterschied zwischen servus und subditus. Ersterer ist ein solcher, der blos dem Nutzen seines Herrn dienen muss; subditus hingegen, der die Befehle vollführt, welche das Gemeinwesen fördern und also auch sich selbst zu Nutze handelt. (Tract. Theol. c. XVI. p. 366.)

Schol. 2.), also auch falsche und berichtigte Urtheile. Es wäre aber eine unwürdige Einschränkung des Geistes, wenn triftige Vernunftgründe gegen eine frühere getrübte Einsicht nicht gelten dürften.

Im Staate gestaltet sich nach Spinoza das Verhältniss des freien, subjectiven Urtheils auf folgende Weise:

Herrschen muss der Staatswille. Collidirt dieser mit dem Einzelwillen, so hat letzterer in Rücksicht des Guten, das dem Menschen aus der bürgerlichen Verfassung erwächst, sich dem ersteren unterzuordnen [a]). Damit ist aber die Urtheilsfähigkeit des Einzelnen noch nicht aufgehoben. Spinoza bemüht sich, dieselbe mit dem nöthigen Gehorsam gegen das Oberhaupt zu vereinbaren. Denn Jeder, der dem Staate gehorcht, sorgt für sich, nach seinem eigenen gesunden Urtheile, am besten. Denn rationis etiam lex est, ut ex duobus malis minus eligatur. (Tract. Pol. III, § 6: Eth. IV. Prop. LXV.) Der gute Staat wird aber möglichst darauf Rücksicht nehmen, dass das Staatsurtheil aus Vernunftgründen gebildet werde, somit mit dem allgemeinen Urtheile übereinstimme. In diesem Sinne sagt er: »Illa respublica maxime libera est, cujus leges sana ratione fundatae sunt, ibi enim unusquisque, ubi velit, liber esse potest, hoc est, integro animo ex ductu rationis vivere.« (Tract. Theol. Pol. c. XVI, p. 366.) So wie der einzelne Vernünftige mächtiger und freier ist, als der von Trieben Geleitete, ebenso ist auch der vernunftgemäss handelnde Staat mächtiger und freier, als derjenige, welcher schroff beim starren Rechte beharrt. Das absolute Recht ist zwar die allgemein ausreichende Norm, aber es ist leblos, ja oft unhaltbar, wenn es nicht durch eine reinere Vernunftanschauung und höhere Erkenntniss gemildert wird. Die ratio muss der Staatsgewalt Schranken setzen, dass sie nicht Alles nach einem blossen arbitrium vollziehe. Dieser Uebergang vom Rechte der Natur zum Rechte der Vernunft ist die wahre Staatsentwickelung. Der Philosoph Spinoza ist doch auch in seiner Politik nicht zu verkennen! — Es wird uns nunmehr klar sein, wie er einerseits sagen konnte, die natürlichen Grund-

---

[a]) Vgl. Eth. IV. Prop. LXXIII.

lagen des Staates seien nicht aus den Lehrsätzen der Vernunft zu nehmen und wie er andererseits doch wiederum die Vernunft als die Basis einer guten Staatsregierung bezeichnen konnte. Vor dem Abschlusse der Auseinandersetzung des Staatsbegriffes führen wir noch einige Belege an, welche noch genauer darthun, dass diese Auffassung der Sache keine in Spinoza's Gedankengang hineingetragene, sondern eine klar und deutlich in seinen Werken ausgesprochene ist.

Zu Ende des zweiten Theils der Ethik (pag. 129. IV.⁰) ist folgende Stelle beachtenswerth: »Denique confert etiam haec doctrina non parum ad communem societatem: quatenus docet, qua ratione cives gubernandi sint et ducendi, nempe non ut serviant, sed ut libere ea, quae optima sunt, agant.« Ferner: Nachdem Spinoza (Tract. Theol. Pol. c. XVI.) allgemein die beste Staatsregierung, ob sie als Monarchie, Aristokratie oder Demokratie zu Tage tritt, gezeichnet hat, giebt er der letzteren und nicht wie Hobbes der Monarchie den Vorzug, weil innerhalb derselben weniger Ausschreitungen zu befürchten wären. Hierbei weist er auf einen bestimmten Staatszweck hin, »qui nullus alius est quam absurda appetitus vitare et homines sub rationis limites, quoad ejus fieri potest, continere, ut concorditer et pacifice vivant« (ibid. p. 366.) Die Thorheiten und Begierden sind zwar ebenso berechtigt, wie die Aeusserungen der Vernunft: sie sollen aber nicht, wie bei Hobbes, durch Furcht gefesselt, sondern nur vermieden und durch die Vernunft, und nicht durch Knechtung und Joch gezähmt werden. »Dass sie in Eintracht leben.« Darunter versteht er aber »quatenus homines ex ductu rationis vivunt.« (Eth. IV, Prop. 35 und a. v. O.) »Dass sie friedlich mit einander leben.« Dieser Friede ist aber durchaus nicht der durch Furcht bewirkte Friede des Hobbes. Diese Ansichten hat Spinoza auch später im Tract. Pol. verfochten; »sed si servitium, barbaries et solitudo pax apellanda sit, nihil hominibus pace miserius.« (Tract. Pol. c. VI, § 4.) Ferner: Spinoza macht häufig darauf aufmerksam, dass, wenn alle Menschen nach Vorschrift der Vernunft allein lebten, die Vernunft das Band des gesellschaftlichen Lebens sein würde.

Dieses vernünftige Zusammenleben würde sich von selbst finden, und es bedürfte keiner besonderen Entschliessung dazu, dasselbe erst zu schaffen. Thatsächlich verhält es sich aber nicht so, und »diejenigen, welche glauben, die Menschen könnten dahin gebracht werden, blos vernunftgemäss zu leben, träumen vom goldenen Zeitalter der Poeten« (Tract. Pol. 1, § 5.) Darum muss wenigstens dahin gestrebt werden, die der menschlichen Natur einmal anhaftenden Leidenschaften durch die überwiegende Kraft der Vernunft nach und nach zu schwächen und zu zähmen. Wenn sie auch mächtig sind, so ist Spinoza dennoch überzeugt, dass die Vernunft in »Einschränkung und Mässigung derselben viel vermag.« Damit hängt natürlich die freie Ausbildung des Geistes eng zusammen.

Hierin zeigt sich wieder ein grosser Contrast zwischen Hobbes und Spinoza, der für Beide recht bezeichnend ist. Hobbes bemüht sich mit vielem sophistischen Scharfsinne nachzuweisen, dass es die Pflicht der Regierungen erheischt, die Akademieen und Hochschulen nur auf die Lehren zu beschränken, welche dem Fürsten als ganz unschädlich erscheinen. »Manifestum est, populi instructionem dependere omnem a rectitudine opinionum, quas docent Universitates. Ante omnia ergo illae reformandae sunt.« (Lev. c. XXX. p. 161); Spinoza hingegen verficht die entgegengesetzte Ansicht: »In libera Republica tum scientiae et artes optime excolentur, si unicuique veniam petenti concedatur publice docere« (Tract. Pol. c. VIII, § 49.) Schon früher hatte er der Vertheidigung dieser Ansicht ein ganzes Capitel gewidmet. Im letzten Capitel des theol.-pol. Traktates hat er sich nämlich eifrig nachzuweisen bemüht, dass es ohne Gefahr für den Staat einem Jeden erlaubt werden kann, zu denken, was er will, und frei zu äussern, was er denkt. —

Schliesslich wollen wir noch die Stelle aus dem bereits erwähnten 50. Briefe anführen, wo er selbst auf eine an ihn ergangene Anfrage den Unterschied zwischen seiner und Hobbes' Politik folgendermassen bezeichnet: »Quantum ad Politicam spectat, discrimen inter me et Hobbesium, de quo interrogas, in hoc consistit, quod ego naturale Jus semper sartum tectum conservo.« Also »semper conservo«; auch im status civilis ist das Naturrecht nicht ganz aufgehoben. Der Zwang, welcher von dem Staate auf die natürlichen Rechte ausgeübt werden kann, darf sich nur so weit erstrecken, als die securitas, das suum Esse conservare, — ebenfalls starke Naturforderungen, — es erheischen. Im Uebrigen bleiben die ursprünglichen Rechte unverletzt, während bei Hobbes mit dem Uebergang vom status naturalis in den status civilis alles Naturrecht der multitudo gänzlich aufhört und nur noch beim Machthaber übrig bleibt.

## II.
## Religion.

Wir haben die Auseinandersetzung der Staatstheorie des Hobbes und Spinoza ihrer Religionsauffassung nicht ohne Absicht vorausgeschickt, weil sie nämlich das Verständniss der letzteren wesentlich erleichtert. Einmal aus dem einfachen Grunde, weil ihre Ansichten hierüber nur mangelhaft dargelegt werden könnten, wenn wir nicht den Staat vor Augen hätten, zu welchem die Religion Stellung nimmt. Noch mehr aber, weil dieselben Principien, welche bei der Rechts- und Staatslehre ihre leitenden Gesichtspunkte bildeten, auch hier im Grossen und Ganzen die massgebenden sind. Zunächst war es beiden Philosophen darum zu thun, ihrer Theorie eine wissenschaftliche Begründung zu geben, d. h. sie ohne alle Voraussetzung aus ihren Gründen abzuleiten. Sie mussten daher das Ansehen der Bibel, als der Quelle, aus welcher bis dahin alle religiösen, ethischen und moralischen Begriffe geflossen waren, in der Form, wie sich damals ihre Autorität geltend machte, erschüttern. Sie konnten sich auch nicht damit begnügen, ihre entgegengesetzten Ansichten einfach vorzutragen, sondern sahen sich genöthigt, ihre practischen Grundsätze gleichfalls durch die Bibel zu beglaubigen. Beide verwarfen daher die meisten gäng und gäbe gewesenen Folgerungen aus der Bibel, weil sie ihnen etwas in dieselbe Hineingetragenes zu sein schienen\*). Sie wollten, indem sie mit der scholasti-

---

\*) Es muss bemerkt werden, dass die Art und Weise ihrer Bibelerklärung blos vom Standpunkte der practischen Philosophie aus sich vergleichen lässt; denn rücksichtlich ihres Vorgehens in der Bibelkritik und Exegese ist die bahnbrechende, wissenschaftliche Art des Spinoza von der oberflächlichen des Hobbes wohl zu trennen.

schen Anschauungsweise brachen, auch den Stützpunkt wankend machen, an dem sie sich klammerte. Spinoza sagt in der Praef. zum theol.-polit. Traktat (p. 148.) »Plerique tanquam fundamentum supponunt, (ad eandem [scripturam] scilicet intelligendum, ejusque verum sensum eruendum) ipsam ubique veracem, et divinam esse; id nempe ipsum, quod ejusdem intellectione, et severo examine demum deberet constare: et quod ex ipsa, quae humanis figmentis minime indiget, longe melius edoceremur, in primo limine pro regula ipsius interpretationis statuunt.« Ihre Folgerungen aus der Bibel waren ihnen aber mehr von indirectem Nutzen, d. h. um die früheren Ansichten zu widerlegen, als von directem, um aus ihr neue Ansichten herzunehmen. Ihre ethischen und religiösen Grundsätze ergaben sich ihnen aus dem Gedankengange, den ihre philosophischen Standpunkte ihnen vorgezeichnet hatten. Die Bibelstellen in oft gezwungener Auslegung sollten nur als Belege für die Richtigkeit derselben dienen, um für sie auch noch die Sanction der Bibel zu gewinnen.

Nach diesen wenigen Vorbemerkungen gehen wir auf unsern Gegenstand näher ein. Es ist schon oben bemerkt worden, dass Spinoza alle Zweckursachen und alle Ideale, die von vorne herein dem Menschen zur Verwirklichung obliegen und das ganze, mit dieser Anschauung nothwendig verbundene Gebiet der Pflichten, als Maassstab für das staatliche Leben des Menschen, verworfen hat. Dasselbe gilt ihm auch in religiöser und sittlicher Beziehung. Auch hier geht er vom Subjecte aus, um zu untersuchen, ob in ihm selbst dieser Quell alles religiös-sittlichen Denkens und Handelns in Wirklichkeit vorhanden sei. Dass wir bei Spinoza diesen nicht im Gefühle, sondern im Verstande finden müssen, kann uns nunmehr nicht zweifelhaft sein. Doch hängen seine Ergebnisse auf diesem Gebiete mit seiner Metaphysik so eng zusammen, dass wir, bevor wir auf sie eingehen können, wenigstens die Grundbegriffe derselben einigermassen beleuchten müssen.

Auf Spinoza bezogen, ist die Bemerkung Christian Wolff's: »Tenebrae in philosophia practica non dispelluntur, nisi luce metaphysica affulgente«. (Phil. pract. P. II. § 28.) gewiss zutreffend.

Gott allein ist causa sui; alles andere Sein ist dem Gesetze der Causalität unterworfen. Ja, selbst Gott ist auch nur frei, insofern er ist; inwiefern er aber wirkt und handelt, wirkt und handelt er nach der Nothwendigkeit seiner eigenen Natur. Seine Freiheit besteht eben blos darin, dass er nicht von Aussen determinirt ist, sondern frei von jedweder äusseren Ursache, nur nach der libera necessitas seiner eigenen Natur zum Wirken bestimmt wird. »Deus ex solis suae naturae legibus et a nemine coactus agit.« (Eth. I. Prop. XVII. cf. ibid. Prop. XXXII. Coroll. I.) Wenn aber alle anderen Dinge unter dem Causalitätsgesetze stehen, wie gelangt dann der Mensch, der ihm nur ein »Ding unter Dingen« ist, mithin auch nur nach einer gegebenen Ursache handelt, zu einer selbsteigenen That? Was nennt er seine Handlung, seine Schuld, sein Verdienst, wenn er von einer Ursache dazu bestimmt wird? oder ist es möglich, die Willensfreiheit mit dem allgemeinen Gesetze der Nothwendigkeit zu vereinigen?

Erst Kant, der den Unterschied zwischen Erscheinung und Ding an sich macht und diesen Grundzug seiner Philosophie auch in Bezug auf einen intelligibeln und empirischen Charakter, oder das Noumenon und Phänomenon des Subjekt's durchführt[a]), hat dieses, durch die Annahme eines durchgreifenden, strengen Causalitätsverhältnisses entstandene, schwierige Problem einer Lösung nahe gebracht. Spinoza, dem selbst Gott nicht ex libertate voluntatis, sondern blos a nemine coactus handelt, kann gewiss nicht von einer Freiheit des Menschen reden, die das Vermögen bezeichnet, einen Zustand von selbst anzufangen, der nicht unter der Causalität des Naturgesetzes steht. Er hat in der That das Problem nur umgangen und blos dem Fatalismus vorgebeugt, indem er das niederschlagende Gefühl des Bedingtsein's aller Handlungen in eine freie, durch die Erkenntniss vermittelte Anerkennung der Naturordnung verwandelte. Die Freiheit im Sinne der Willkühr läugnet er ganz. Die wahre Freiheit fasst er, als ein Handeln gemäss der eigenen Natur und zwar unter der Bot-

---

a) Kritik der reinen Vernunft, 4. Aufl. S. 560—86; Krit. der pract. Vern. S. 169—80.

mässigkeit der frei fortschreitenden Intelligenz. Der Wille will stets was der Verstand denkt; insofern sind sie ein und dasselbe. »Intellectus et voluntas unum idemque sunt.« Damit steht dem Menschen ein erhabenes Gebiet offen. Je höher die Intelligenz schreitet, je mehr die verworrenen Vorstellungen der imaginatio zu adäquaten und wahren Ideen sich herausbilden, desto freier und edler muss sich auch der Wille gestalten. So lange der Mensch als Naturding betrachtet wird, wird er wie jedes Ding gegen die Ursachen, welche auf ihn einwirken, blos reagirend sich verhalten, ohne das Motiv, das ihn zum Handeln treibt, zu prüfen. Der Mensch der freien Intelligenz hingegen, obwohl er noch immer unter dem Gesetze der Ursache und Wirkung steht und nur nach Beschaffenheit seines Wesens handeln kann, — was die Scholastiker mit der Formel »operari sequitur esse« ausdrücken, gestaltet diese Causalität, indem zu der Beschaffenheit noch der Intellect hinzutritt, zu einer durch das Erkennen vermittelten.

Auf der Höhe dieser Erkenntniss ist auch die philosophisch begründete Stellung der Religion und der mit ihr zusammenhängenden Ethik zu suchen. In dieser Erkenntniss-Sphäre ist der Impuls für das religiöse Handeln kein dem Menschen angeborner, kein im Bewusstsein dunkel vorhandenes Gefühl, oder als Machtgebot sich kundgebender Imperativ, sondern eine Errungenschaft des Geistes, der bis zum Gipfelpunkte, bis zur Gotteserkenntniss sich erhoben. In dieser Gotteserkenntniss liegt nach Spinoza das summum bonum, weil da erst recht eigentlich das wahre religiöse Leben anfängt. »Summum mentis bonum est Dei cognitio, et summa mentis virtus Deum cognoscere.« (Eth. IV. Prop. 28.) Wie ganz anders erscheinen in dieser klaren Gotteserkenntniss, unter dem Gesichtspunkte der »idea Dei«, welche die selbstloseste Liebe zu Gott, den amor Dei intellectualis erzeugt, alle religiösen, ethischen und moralischen Begriffe; wie ganz anders die Stellung des Menschen zur Gottheit und zum Nebenmenschen, alle zeitlichen Verhältnisse, wenn sie sub specie aeternitatis aufgefasst werden. Die virtus, die im »suum utile quaerere«, »suum Esse conservare« besteht, (Eth. IV. Prop.

XX.) wird da nicht mehr, wie es im Naturzustande des Menschen mit allem Rechte geschieht, auf das Zeitliche, sondern auf das Ewige gerichtet sein; das suum Esse wird im höheren Sinne verstanden, das utile wird summum mentis utile[a]). Das »bonum« und »malum«, das in Rücksicht der allgemeinen Natur des Menschen so definirt wurde: »Id bonum, aut malum vocamus, quod nostro Esse conservando prodest, vel obest«, (Eth. IV, Pr. VIII. Demonstr.) wird in Ansehung des intellectualen Lebens also gefasst: »Nihil certo scimus bonum, aut malum esse, nisi id, quod ad intelligendum revera conducit, vel quod impedire potest, quo minus intelligamus.« (ibid. Prop. XXVII.) Mit der höheren Einsicht klären sich die Begriffe, und die Dinge werden von einem ganz anderen Gesichtspunkte aus betrachtet. War im Naturzustande das Recht, im Staate das Gesetz, so ist im Reiche der Erkenntniss die Intelligenz Maassstab aller Thätigkeiten. Hier verschwindet der Egoismus, welcher im Naturzustande die Triebfeder alles Handelns bildete. Hier verschwinden alle Leidenschaften, welche die Menschen gegen einander stacheln. »Qui ex ductu rationis vivit, quantum potest, conatur alterius in ipsum odium, iram, contemptum etc. Amore contra, sive generositate compensare.« (ibid. Prop. XLVI.) Da hört ferner aller Zwiespalt unter den Menschen auf. Spinoza stellt hierfür den Satz auf: »Bonum, quod unusquisque, qui sectatur virtutem, sibi appetit, reliquis hominibus etiam cupiet et eo magis, quo majorem Dei hebuerit cognitionem.« (ibid. Prop. XXXVII.) Auf dieser betrachtenden Höhe hört die Freude auf, sich wahrhaft an dem Vorübergehenden und Zeitlichen zu ergötzen. Durch das Bewusstsein der Theilhaftigkeit an der »Deitas« geadelt, wird ihr Gegenstand das von der Zeit Unabhängige, Ewige. Da erst kehrt in das Gemüth der wahre Glaube an Gott, die reinste Liebe, der innerste Friede ein.

---

[a]) Diese Auffassung wird noch bestätigt durch die Stelle: »Cum melior pars nostri sit intellectus, certum est, si nostrum utile revera quaerere velimus, nos supra omnia debere conari, ut eum, quantum fieri potest, perficiamus; in ejus enim perfectione summum nostrum bonum consistere debet.« (Tract. Theol. Pol. c. IV, p. 208.)

Alle Tugenden, Güte, Freundlichkeit, Sanftmuth, Enthaltsamkeit u. s. w. finden in der Ausübung selbst den Lohn. Das ist der Zustand der Beatitudo des Erdenlebens, wo alle endlichen Interessen schon auf Erden in ihrer Endlichkeit erkannt werden. Von einem Fortwirken des Geistes aber nach dem Tode spricht Spinoza nur sehr dunkel: »Homo liber de nulla re minus, quam de morte cogitat et ejus sapientia non mortis, sed vitae meditatio est.« (Eth. IV. Prop. 67.) Er will alle Thatkraft vereinigt wissen in dem Streben nach dem in diesem Leben schon erreichbaren Ziele. So versteht er den Satz: »Deus est summum bonum, finis ultimus, ad quem omnes actiones nostrae sunt dirigendae.« (Tract. Theol. Pol. cap. IV, p. 209.)

Es drängt sich hier nothwendig die wichtige Frage auf, wie es denn, da ein solches rational-religiöses Leben nur einer gereiften, intelligenten Classe eigen sein kann, mit der Religion beschaffen sei, die ausnahmslos alle Menschen beseeligen soll? Woher soll der in Leidenschaften befangene, aller Speculation fremde Mensch die Kraft nehmen, diese nach Spinoza berechtigten Leidenschaften zu zähmen, in der Freude das rechte Maass einzuhalten, im Unglück sich aufzurichten und anderweitig Trost zu finden für die Widerwärtigkeiten des Lebens? Hierfür sieht er sich in der That genöthigt, eine Religion anzunehmen, die nicht in der Speculation wurzelt. Er recurrirt zu diesem Behufe auf ein göttliches Gesetz, das durch Offenbarung sich kundgegeben, und dessen Annahme nicht auf Philosophie, sondern auf Gehorsam beruhe, welches aber den Menschen eben so wie die speculativ geklärte Religion zu seinem höchsten Ziele leitet. »Per divinam legem intelligo rationem vivendi, quae solum summum bonum, hoc est, Dei veram cognitionem et amorem spectat.« (Tract. Theol. Pol. c. IV. p. 208.) Spinoza bezeichnet selbst als den Hauptzweck seines theologischen Tractats den Nachweis, dass die Theologie von der Philosophie zu trennen sei, oder dass das allgemein religiöse Leben gar nicht von speculativer Erkenntniss bedingt sei. Die Vorschriften, welche zu dieser Lebensweise anleiten, meint er, seien in der Bibel in einfachen, klaren Worten gegeben und von allen Propheten in gleicher Weise verkündigt, während die Geschichten und Weissagungen complicirt und vieldeutig sind. Diese Vorschriften, wie er sie an vielen Orten, am vollständigsten im 14. Cap. des theol.-polit. Tractats angiebt, sollen zunächst nicht Aufschluss über speculative Dinge geben. Obwohl auch speculative Fragen in der Bibel berührt sind, so hätten sie nicht zum Zwecke, klare Einsicht in die Dinge zu verschaffen, sondern blos zum rechten Lebenswandel, zum Glauben und Gehorsam zu führen. Denn »Erkenntniss ist ein Geschenk Gottes, Gehorsam und Glaube steht in Jedermann's Macht.« »Unwissenheit ist nicht strafbar, wohl aber Unglaube und Widerspenstigkeit.« Es ist auch in religiöser Beziehung ganz gleichgiltig, ob man die Dinge in ihrer Wirklichkeit und Wahrheit erkennt oder nicht, wie man sich z. B. die Wesenheit Gottes, die Freiheit des Willens denkt, wenn nur die darüber gegebene Lehren dahin zielen, denselben religiösen Lebenswandel, wie bei dem, der sie durch das Licht der Erkenntniss erschaut, zu begründen. Darüber dürften keine Streitigkeiten obwalten, »ut Ecclesia, Academia et Religio Scientia, vel potius altercatio videatur.« (Tract. theol. pol. c. XIII, p. 335.) Diese gehören in das Gebiet der Philosophie, wo es sich um die Ergründung der Wahrheit handelt. »Philosophiae enim scopus nihil est, praeter veritatem: Fidei autem nihil praeter obedientiam et pietatem.« (ibid. c. XIV. p. 348 [a] ). Dasselbe will er in Bezug auf die Bibel folgendermassen beweisen: Vieles sei in der Bibel blos auf das zeitliche Wohl des israelitischen Volkes allein zu beziehen, mit Rücksicht auf seinen besonderen Staat und sein Wohlleben in demselben, das sich auf der »Dei auxilium externum« gründet, enthalte aber keine gemeingiltigen religiösen und moralischen »Jussa Dei.« Diese allgemeinen Lehren der heiligen Schrift jedoch seien ihnen nicht durch Vernunftgründe, welche sie in ihrer Unreife nicht begriffen hätten, beigebracht worden, sondern durch Vorschriften, die ihrer Fassungskraft angepasst worden, und nur Glauben und Gehorsam bezweckten.

Nun zu Hobbes. Seine Ansichten über diese Materie ha-

---

[a]) cf. ibid. cap. II fin.

ben wir vorläufig in den Hintergrund treten lassen, um dem Gedankengange Spinoza's ungestört bis zu dem Punkte folgen zu können, wo uns nunmehr die entgegengesetzte Auffassung des Hobbes und dadurch die gegenseitige Vergleichung klarer werden wird.

Es wird gleich von vorne herein einleuchten, dass nach dem Systeme des Hobbes, welches das Dasein Gottes zwar setzt, jedoch nicht genau begreifen kann, von einer »beatitudo«, welche die idea Dei bewirken soll, nicht die Rede sein kann, geschweige dass diese das Ziel aller menschlichen Handlungen bilden könnte. Der Mensch ist nach Hobbes zwar, da Alles in der Ordnung der Dinge Wirkung einer Ursache ist, von der nothwendigen Existenz einer ersten Ursache überzeugt; aber er kann sich keinerlei Vorstellung von derselben bilden, mithin auch nichts Bestimmtes von ihr aussagen. Er gleicht hierin einem Blindgebornen, der des Feuers Wärme zwar empfindet, jedoch einen klaren Begriff von demselben nicht haben kann. »Homo, a contemplatione ordinis rerum visibilium, earundem causam aliquam esse, quam Deum appellant certus est, nec tamen Imaginem, aut Phantasma ejus inde aliquod animo concipere potest.« (Lev. cap. XI. p. 54.) Es ist demnach selbstverständlich, dass Hobbes eine Begründung der Religion durch die Philosophie nicht zu geben vermag; da sein philosophischer Standpunkt alles Wissen von Gott ausschliesst, während bei Spinoza die Wesenheit Gottes zu begreifen, gleichsam als philosophische Stütze der Religion erforderlich ist. »Itaque excludit a se Philosophia, Theologiam, doctrinam dico de natura et attributis Dei, aeterni, ingenerabilis etc.« (Computatio sive Logica. Pars I. cap. I, § 8, p. 5.) Zwar trennt auch Spinoza die Theologie von der Philosophie, und sein ganzer theologischer Tractat soll, wie er dies in demselben zu wiederholten Malen hervorhebt, lediglich zum Zwecke haben, diese Getrenntheit nachzuweisen. Aber diese Trennung bedeutet bei Hobbes nicht dasselbe. Hobbes trennt sie von einander, weil die Lehren der Theologie durch den materialistischen Standpunkt nicht begründet werden können; Spinoza, weil er unter Theologie nur einfache Sätze und religiöse Vorschriften begreift, die ohne Weiteres auf Glauben angenommen werden müssen, nicht jenes intellectual-religiöse Leben, zu welchem erst das speculative Denken sich erhebt. Hobbes trennt sie, weil der Materialismus zu sinnlich und zu sehr im Zeitlichen befangen ist, als dass er den Quell für das religiöse Bewusstsein aufzufinden, oder gar bis zu einer philosophischen Klarheit es zu erheben vermöchte; Spinoza hingegen, wenn er das rational-religiöse Leben als ein Leben im Anschauen des Göttlichen, fern von allem Egoismus, allen weltlichen Interessen und Leidenschaften betrachtet, fasste den Gesichtspunkt zu hoch für die Satzungen der Theologie, d. h. nach ihm, einer allgemeinen Norm des religiösen Wandels. Hobbes' System kann in der Kenntniss von Gott nur dahin gelangen, dass es nach der überall wahrgenommenen strengen Causalität auch einen Urgrund der Dinge geben müsse: »Qui ab effectu quocunque quem viderit, ad causam ejus proximam ratiocinaretur, et inde ad illius causae causam proximam pro cederet, et in causarum deinceps ordinem profunde se immergeret, inveniret tandem unicum esse primum motorum, id est, unicam et aeternam rerum omnium causam, quam appellant omnes Deum.« (Lev. c. XII, p. 55.) Daher sei auch das einzige, positive Prädicat, welches wir Gott beilegen können: »Est« (ibid. c. XXXI, p. 170.) Die anderen Prädicate, die wir ihm beilegen, beruhen nicht auf Erkenntniss, sondern drücken nur die Unbegreiflichkeit seines Wesens aus. Er sagt: Es ist gegen die Ehre Gottes zu sagen, man begreife ihn, wir hätten eine Idee von ihm: unsere Erkenntniss erstreckt sich blos auf das Endliche. »Contra honorem Dei est, dicere quod illum concipimus, imaginamur, vel aliquam ejus in animo habere Ideam. Quicquid enim concipimus finitum est.« (ibid.) Die tiefere Betrachtung der Ursachen und Wirkungen allein, meint er, gebe uns den wahren Begriff von den Dingen und würde uns von der kindischen Furcht, die uns bei unbekannten Gründen auf unsichtbar wirkende Mächte führt, befreien. In dieser Unbekanntschaft mit den Ursachen besteht ihm auch der natürliche Keim der Religion. (Religionis semen naturale.) Die daraus entspringende Furcht vor Geistern, die Verehrung solcher gefürchteten Wesen und die Vorbedeutungen seien daher auch von manchen Völkern benutzt worden, Religionssatzungen festzustellen, um dadurch die Leidenschaften zu zügeln und willigen Gehorsam zu bezwecken (homines obedientiores reddere), eine Religion einzuführen, die eigentlich nur eine kräftige Stütze der Staatspolitik sein sollte. (ibid. c. XII, p. 57.) Diese Religionen sind aber auf Unkenntniss gegründet, wenn man überhaupt diese Hypothese gelten lassen will. Die geoffenbarte Religion bezieht sich nach ihm auch nur auf einen äusseren Cultus im Staate, welcher einen zeitlichen Zweck hat und nur zu einem solchen angeordnet wurde. Fragen wir, wo liegt für Hobbes im Menschen selbst der Keim der Religion, der sich nicht auf Unkenntniss und auch nicht auf eine blosse äussere Gesetzgebung zurückführen lässt? wo ist das Band, das die Menschen mit Gott ohne Vermittelung positiver Bestimmungen verbindet? In den Naturgesetzen, die er (De cive. c. IV, und Lev. c. XIV, XV) aufstellt, liegt es nicht. Diese beziehen sich sämmtlich auf die gesellschaftliche Verbindung, bezwecken alle nur den Frieden und die Erhaltung der Menschen (conservationem hominum). Die ganze Ethik dieses Standpunktes ist eine Reihe von Gesetzen, die sich dem gesellschaftlichen Menschen, insofern er sein eigenes Interesse im Auge hat, von selbst aufdrängen. Sie gehen alle von dem Satze aus: Quod tibi fieri non vis, alteri ne facias; aber auch nur deshalb, weil Du gegen Dein eigenes Wohl handeltest. »Legum naturalium scientia vera et sola Ethica est. Ethica autem alia non est, praeter scientiam earum rerum, quae in congressibus et societate hominum, bonae vel malae sunt.« (Lev. c. XV, p. 79.) Die lex naturalis, welche er auch lex divina nennt (De cive c. IV in.), bildet nur das Band, welches die Menschen gegenseitig verbindet. Was verbindet sie mit Gott? Nun das, was alle Naturdinge mit ihm verknüpft. Er ist causa omnium rerum. Mithin ist er das mächtigste Wesen, das Alles bewirkt. Damit ist unser Verhältniss zu ihm für Hobbes entschieden. Daher soll auch die Ehrfurcht stammen, die wir ihm zollen müssen.

Bevor wir aber die Consequenzen ziehen, die sich aus dieser einzigen bewussten Beziehung zu Gott für das religiöse Leben ergeben, prüfen wir einmal diese Grundlage selbst.

Woher nimmt Hobbes selbst die Gewissheit für diese Behauptung? Das Denken involvirt bei ihm nicht unmittelbare Gewissheit, alle Erkenntniss ist vermittelte subjective Vorstellung, also ist an eine aprioristische Erklärung des Causalverhältnisses nicht zu denken. Lehrt wiederum blos die Erfahrung, die Dinge nach Ursache und Wirkung betrachten, wie kann er ihr objective Giltigkeit beimessen, um danach auf das schlechthin gewisse Dasein Gottes zu schliessen? Was nützt aber auch Hobbes diese Inconsequenz seines Standpunktes? Das blosse Setzen eines göttlichen Wesens, ohne dem menschlichen Geiste die Fähigkeit einzuräumen, irgend eine Eigenschaft desselben ergründen zu können, das blosse Wissen, dass es ist und unerbittlich wirkt, führt zu keiner sonderlich religiösen Betrachtung. Ein fester Wille, der sich uns nicht überall in seiner Weisheit, Güte und Vollkommenheit offenbart, sondern blos als erste Ursache alles Sein's, erster Urheber aller Handlungen sich kundgiebt, flösst uns nicht, wie er behaupten will, Ehrfurcht ein, sondern Furcht. Hobbes spricht auch von einer Liebe zu Gott, die aus der Vorstellung seiner Güte entspringen soll. »Amor, qui refertur ad Bonitatem.« (Lev. c. XXXI. p. 169.) Dieser amor aber, wie er ihn fasst, ist ein leeres Wort. Denn, abgesehen davon, dass diese Liebe nicht, etwa wie bei Spinoza aus einer klaren Erkenntniss Gottes und seiner Vollkommenheit folgt, sondern aus einer verworrenen Vorstellung, die keine Ueberzeugung mit sich führt, wie soll sich Liebe, welche doch einen inneren Drang zu ihrem Objecte bedeutet, für ein schlechthin unbegreifliches Wesen kundgeben können, das uns, wie er dies an dem Beispiele des Hiob veranschaulicht, (ibid. p. 168.) überall nur seine Macht fühlen lässt? Das Innewerden dieser Macht, welche auf uns ihre unabänderliche Wirkung ausübt, das Bewusstsein, dass wir, wie alle Naturdinge, einem Causalnexus unterworfen sind, muss uns Menschen untröstlich machen, weil wir nicht unbewusst, wie die anderen Geschöpfe, der Causalität unterworfen sind, sondern unsern fatalen Stand erkennen. Die Einsicht dann, dass wir nicht die Thäter unser Thaten sind, kann die Quelle aller Immoralität und Irreligiosität werden.

Hier sind wir nun an dem Punkte angelangt, wo die Consequenzen der Theorieen des Hobbes und Spinoza wesentlich auseinandergehen. Die überall streng durchgeführte Causalität begründet einen blinden Fatalismus. »Der Determinist, wenn er bündig sein will, muss zum Fatalisten werden«, sagt Jacobi[a]). Diese Bündigkeit treffen wir wohl bei Hobbes an. Spinoza's Causalitätslehre jedoch führt nicht zum Fatalismus. Denn alle Handlungen des Menschen sind ihm selber anzurechnen, weil seine freie Erkenntniss dieselben prüfen kann. »Was uns die Philosophie des Spinoza an Willen nimmt«, »das giebt sie uns an Erkenntniss reichlich wieder.«[b])

Gehen wir aber von dem Zustande aus, der vor aller Erkenntniss ist und suchen da die Basis der Religion, so können beide Philosophen in der menschlichen Natur eine gewisse Disposition dazu ebensowenig wie zum Staatsleben finden. Dazu führt weder ein angeborenes Gefühl, noch ein unmittelbares Postulat der practischen Vernunft. Hier giebt es nur ein »Soll«, nämlich das zu thun, was nach dem eigenen Urtheile gut und nützlich dünkt. Die Tugenden, welche in Folge des rein natürlichen Antriebes geübt werden, beziesich alle auf das eigene Selbst des Menschen. Zur Errichtung eines Staates ist man durch die Noth getrieben worden; was begründet den religiösen Lebenswandel? Hier gehen Spinoza und Hobbes wiederum im Wesentlichen auseinander. Beide setzten zwar den Gehorsam als dasjenige Moment, welches der religiöse Wandel bedingt. Doch das Wort bezieht sich, wie wir sehen werden, bei Jedem von Beiden auf etwas Anderes. Obwohl die Ansichten des Hobbes zu härteren Resultaten führen, so ist er doch hierin consequenter als Spinoza. Hobbes meint, es sei eben so naturgemäss, wie einen Staat zu errichten, und eine Oberherrschaft über sich anzuerkennen, auch dem Allmächtigen die Gewalt über alle Wesen zuzuschreiben. »Naturae omnipotenti, cui resisti

---

[a]) Ueber die Lehre des Spinoza, in Briefen an M. Mendelssohn. Breslau 1789. S. 24.
[b]) S. Feuerbach, Geschichte der neueren Philosophie von Bacon von Verulam bis B. Spinoza. Ansbach 1833. S. 428.

non potest, Regnum et Dominium in genus humanum universum adhaereret naturaliter« (Lev. c. XXXI, p. 168.)

Dieses Bewusstsein der Allmacht allein, obwohl es, wie wir oben bereits hervorgehoben haben, nicht sonderlich zur religiösen Betrachtung förderlich ist, bildet nach ihm die innere Seite der menschlichen Beziehungen zu Gott, den äussern Cultus aber legt er ganz in die Gewalt des Regenten. Differenzen also zwischen dem Einzelnen und dem Oberherrn, als Repräsentanten des Staates, können unmöglich stattfinden, weil die religiösen Anschauungen, so weit sie in blossen Vorstellungen von Gott bestehen, den Einzelnen betreffen. So wie aber die äussere Ausprägung der Religion in Betracht kommt, da ist der Regent auch der Leiter aller religiösen Verhältnisse, weil ein Naturgesetz Erfüllung der Verträge und unbedingten Gehorsam gegen den Fürsten fordert; und ein Naturgesetz ist göttliches Gesetz. (v. De cive c. IV: »Quod lex naturalis est lex divina.«) Dies lehrt sowohl das verbum Dei rationale, wie er das Urtheil der gesunden Vernunft nennt, als auch das verbum Dei propheticum. Denn die übernatürliche Offenbarung bezieht sich auch nur bei ihm auf ein zeitliches Reich, (Lev. c. XXXV.) und auch diese lehrt in allen Dingen dem Oberherrn gehorchen. Nur die religiösen Handlungen dürfen also geübt werden, welche durch das Staatsgesetz sanctionirt sind.

Spinoza nun fasst auch die religiösen Momente, welche vor einer höheren Erkenntniss gelten, viel rationaler auf. Die religiösen Satzungen sind ihm nicht Sache der Gesetzgebung, die ethischen und moralischen Pflichten wurzeln nicht in Naturgesetzen, welche ein egoistisches Princip dictirt hat, Zähmung der Leidenschaften z. B. oder Güte, Freundlichkeit, Enthaltsamkeit, Nächstenliebe haben nicht ihren Grund im Interesse des Menschen. Diese sind ihm höheren Ursprungs: sie sind göttliche Befehle (Jussa Dei). Wie diese höheren Gesetze aber, die der Mensch befolgen soll, weil sie allein die Seligkeit begründen, ursprünglich in das Gemüth der Menschen gedrungen sind, da ja die ursprüngliche Menschennatur blos dem Triebe folgt und Glaube und Gehorsam ihr fremd sind, das haben wir oben bereits auseinandergesetzt. Spinoza erklärt nämlich ganz deutlich, dass hierzu eine revelatio höchst nothwendig gewesen sei, dass der Mensch in seiner natürlichen Anlage nicht zu der Einsicht gekommen wäre, dass der Gehorsam gegen diese religiösen Dogmen, welche er auf wenige, einfache Sätze zurückführt, sein wahres Heil begründen. »Quandoquidem non possumus lumine naturali percipere, quod simplex obedientia via ad salutem sit, sed sola revelatio doceat, id ex singulari Dei gratia, quam ratione assequi non possumus, fieri, hinc sequitur Scripturam magnum admodum solamen mortalibus attulisse. Quippe omnes absolute obedire possunt et non nisi paucissimi sunt, si cum toto humano genere comparentur, qui virtutis habitum ex solo rationis ductu acquirunt, adeoque, nisi hoc Scripturae testimonium haberemus, de omnium fere salute dubitaremus.« (Tract. Theol. Pol. c. XV. fin.) Alles das weist zuletzt darauf hin, dass der Gehorsam des Spinoza doch ein Gehorsam gegen Gott bleibt, während der, welchen Hobbes betont, schliesslich auf einen Gehorsam gegen den Regenten hinausläuft.

Wir bemerkten oben (S. 37), Hobbes sei doch in dieser Beziehung consequenter verfahren. Seine Ansichten über Religion sind zwar unhaltbar, jedoch bleibt er wenigstens seinem Systeme treu. Wie sich aber die übernatürliche Offenbarung — denn nur diese kann er unter revelatio verstanden haben — mit dem Substanzbegriffe des Spinoza vereinbaren lässt, ist ganz unbegreiflich. Der Offenbarungsact, ein Entschluss des göttlichen Willens, ferner eine andere, als die natürliche Erkenntniss sind in seiner Lehre Inconsequenzen. Spinoza sagt zwar selber: »Quibus autem naturae legibus id factum fuerit, fateor me ignorare.« (Tract. Theol. c. I. p. 171.) Dieses offene Geständniss hebt aber die Schwierigkeit noch nicht. Auf dieser Grundlage ruht doch allein sein ganzes dogmatisches Religionsgebäude. Die Wunder erklärt er wohl (ibid. cap. VI.), aber die Erklärung verneint dieselben, und auch die Offenbarung hätte in der Philosophie Spinoza's die Prüfung nicht bestanden. Darum bemüht er sich, sie ungeprüft bestehen zu lassen und bedient sich eines Kunstgriffes, weil er sie als Fundament seiner Theologie nicht entbehren kann: »Verum nec nobis jam opus est, Propheticae cognitionis causam scire. Nam hic tantum Scripturae documenta investigare conamur; documentorum autem causas nihil curamus.« (ibid. c. I. p. 171.) Dieser Kunstgriff, den er selbst bei der Erklärung der Wunder verschmäht hat, überzeugt keineswegs. Denn die Ansicht, dass die Offenbarung den Mangel an Erkenntniss ersetzt, kann nur so lange gelten, als sie mit seinem philosophischen Gedankengange vereinbar ist. Schliesst dieser aber die Möglichkeit der Offenbarung aus, dann hat Spinoza die Theologie nicht blos von der Philosophie getrennt, sondern sie negirt. Man kann im Sinne Spinoza's die Sache höchstens darauf zurückführen, dass er jene Dogmen, welche alle Propheten einstimmig und aus reinem Herzen empfehlen, weil sie uns zum Heile führen, als allgemeine Norm des religiösen Lebens betrachtet. Worin aber findet er die Sanction für dieselben? Wenn er sagt, die Resultate der natürlichen und der geoffenbarten Erkenntniss stimmen überein, denn beide führen dahin: »Gott als das höchste Gut anzuerkennen und mit freier Seele zu lieben, denn darin allein bestehe unsere höchste Glückseligkeit und unsere höchste Freiheit;« ferner, »seinen Nächsten zu lieben und den Befehlen der höchsten Gewalt zu gehorchen«, so kann wohl die entwickelte natürliche Erkenntniss zu dieser Anschauung sich erheben; wie gelangt aber der Mensch ohne jene Erkenntniss zu diesen Wahrheiten, wenn keine ursprüngliche Disposition dazu in seiner Natur vorhanden und die Offenbarung, wie wir gesehen, auch unverträglich mit der Philosophie ist? Consequent hätte Spinoza das Religionsleben nur dem schon entwickelten speculativen Geiste einräumen dürfen.

Doch wir lassen die Polemik, weil sie nicht streng zu unserer Aufgabe gehört und bemerken nur, dass der Spinozismus die Religion aller ihrer positiven Momente entkleidet, dass aller Cultus, wie er sich nach Aussen gestaltet, alle Ceremonien als nebensächlich in den Hintergrund treten. Dies sind gerade diejenigen Momente, welche für Hobbes von grossem Gewichte sind, aber nur deshalb, weil ihm die innerliche Seite blos in unklaren Vorstellungen von Gott besteht und der Aufsicht der Regierung sich mehr entzieht. »Honorare Deum, est de potentia et bonitate divina quantum possibile est magnificentissime sentire. Cultus autem signa illa sunt, quibus ita sentire aliis indicatur. (Lev. cap. XXXI. p. 169.) Schliesslich müssen wir noch die Frage erledigen, wie die Uebung der religiösen Vorschriften sich zum Staatsleben verhält. Die Abweichung in den darauf bezüglichen Ansichten zwischen Hobbes und Spinoza ist nach ihren dargelegten Grundanschauungen ganz natürlich. Hobbes, indem er den Gottesdienst in einen cultus publicus und cultus privatus eintheilt, ist der Meinung, letzterer müsse im Verborgenen bleiben. (ibid.) Das Recht der Oeffentlichkeit habe nur die vom Staat vorgeschriebene Religion: »Quoniam autem civitas persona unica est, unicum exhibere Deo cultum potest, id est cultum legibus civilibus imperatum: qui cultus publicus dicitur, nec potest esse, nisi uniformis.« (ibid. p. 171.) Beide Philosophen bemühen sich zwar aus der Bibel und auch aus der Natur der Sache nachzuweisen, dass vom Rechtsstandpunkte aus die geistlichen und staatlichen Angelegenheiten in einer Gewalt vereinigt sein müssen: (Tract. Theol. c. XIX. Lev. c. XLII.) zumal gewisse Begriffe nach ihnen ihre Bedeutung erst einer Staatseinrichtung zu verdanken haben. Was z. B. gut und böse, Recht und Unrecht sei, ist unserer Natur nicht absolut einwohnend, wie das bereits von uns zur Genüge besprochen wurde. Nun bleibt Hobbes bei diesem starren Rechte stehen und setzt noch überdies die ausschliessliche Entscheidung darüber in die Macht eines absolutistischen Willens. Bei Spinoza aber verhält sich die Sache doch ganz anders. Wir müssen auch in Bezug auf die staatliche Stellung der Religion an die Unterscheidung zwischen jure und optime, welche er bezüglich der Handhabung der Staatsgewalt macht, erinnern.

Wenn man auf den Ursprung des Staates zurückgeht, so kommt ihm jure das Recht zu, über sämmtliche Angelegenheiten der Bürger, also auch über die Religion zu entscheiden: da aber der Endzweck desselben die Freiheit ist: »Finis reipublicae revera libertas est«, (Tract. Theol. Pol. c. XX. p. 421.) so müssen die Menschen nicht durch Furcht im Zaume gehalten werden, sondern im Gegentheil, das einmüthige, friedliche Zusammenleben muss eine Frucht der freien Entwickelung ihres Geistes sein. Es war zwar für Spinoza nicht schwer, eine Harmonie zwischen Staat und Religion herzustellen. Da er die Religion in wenige, einfache Lehrsätze verflüchtigt und die »vera Religio« die nennt, »quae hominum cordibus, humanae menti divinitus inscripta«, so dürfte über die Grenzen von Staat und Kirche kein Streit obwalten. Doch auch bei den factisch bestehenden Religionsdifferenzen ist er der Ansicht, dass es des Staates eigener Vortheil erheische, jeder Religion, so weit der öffentliche Friede und die Staatsgewalt nicht dadurch untergraben werden, (salva Reipublicae pace, salvoque summarum potestatum jure) die freie Uebung ihres Cultus, wie jedem Einzelnen das freie Aeussern und Lehren seiner Ansichten zu gestatten.

Spinoza betrachtet dies als für den Staat höchst nothwendig und nicht blos als wohlmeinenden Rath. Er spricht sich darüber folgendermassen aus: »Si itaque nemo libertate sua judicandi et sentiendi, quae vult, cedere potest, sed unusquisque maximo naturae jure dominus suarum cogitationum est, sequitur, in republica nunquam nisi admodum infelici successu tentari posse, ut homines, quamvis diversa et contraria sentientes, nihil tamen nisi ex praescripto summarum potestatum loquantur« [a]). (Tract. Theol. Pol. c. XX. p. 420.)

Nicht uninteressant ist es, zur Kennzeichnung der Verschiedenheit ihrer Anschauungen noch ihre Definition des Wortes »heilig« anzuführen. Hobbes definirt es folgendermassen: »Sanctum in regno Dei, respondet vocabulo: publicum.« (Lev. c. XXXV. p. 192.) Mit regnum Dei bezeichnet er hier das Reich Israel; in allen anderen Staaten ist sanctum und publicum ganz identisch. Spinoza: »Id sacrum et divinum vocatur, quod pietati et religioni exercendae destinatum est.« (Tract. Theol. Pol. c. XII. p 326.)

Die Religion hat bei Spinoza ihre besondere Sphäre ausserhalb des Staates und hat mit der Politik nichts gemein. Diese Stellung der Religion im Staate weicht auch wesentlich von den Anschauungen des Alterthums ab. Nach der jüdi-

---

a) Cf. ibid. c. VII. fin. und Praef. desselben Tractates. p. 146.

schen und hellenischen Auffassung war die Religion, wie alles sittliche Handeln, mit der Politik eng verwachsen, und der Staat hatte von vorne herein die Aufgabe, die Bürger zu einem Tugendideale anzuleiten: Plato, Leg. IV. p. 705. e: νομοθεσία τείνει πρὸς ἀρετήν. Ferner das. p. 707. d: »Die wahre Gesetzgebung strebt dahin«, ὡς βελτίστους γίγνεσθαί τε καὶ εἶναι τοὺς ἀνθρώπους. Nur das Gemeinleben führt dieser Auffassung gemäss zur vollkommenen Erreichung des höchsten Zieles der Menschheit. Im Privatleben könnte das religiössittliche Leben und Handeln gar nicht erreicht werden. Auch Aristoteles, der die Verwirklichung der Tugenden im Individuum mehr berücksichtigte, läugnet doch, dass man es darin bis zur Vollkommenheit bringen könne. Denn gewisse Tugenden, wie z. B. die Gerechtigkeit, seien nur im staatlichen Zusammenleben möglich. ὁ δίκαιος δεῖται πρὸς οὓς δικαιοπραγήσει καὶ μεθ' ὧν. (Eth. Nic. X. 7. 30.) Darum wurden oft Verbrechen, die nach unseren Begriffen rein politische sind, als ἀσέβεια angesehen. Da aber Spinoza den Staat und alle mit demselben verbundenen Pflichten vom Individuum herleitet, so behält sich das Individuum das freie Urtheil selbst vor, ohne das Recht darauf im Staate aufzugeben. Warum jedoch Hobbes, der gleichfalls vom individuellen Gesichtspunkte ausgeht, seine Anschauungen von Staat und Religion nicht bis zu dieser Höhe der Erkenntniss zu erheben vermochte; warum er die Erkenntniss Gottes, das Fundament aller sittlichreligiösen Handlungen, nur in der Annahme einer ersten Ursache statuirte, wird uns einleuchten, wenn wir uns in's Gedächtniss zurückrufen, was in der Einleitung dieser Abhandlung hervorgehoben wurde, wie nämlich seine Philosophie das Denken und Urtheilen auffasst. —